Adidem Ghislain Ndondji

L'Église catholique face aux changements

Adidem Ghislain Ndondji

L'Église catholique face aux changements

Vers un nouveau visage

Éditions Croix du Salut

Imprint

Any brand names and product names mentioned in this book are subject to trademark, brand or patent protection and are trademarks or registered trademarks of their respective holders. The use of brand names, product names, common names, trade names, product descriptions etc. even without a particular marking in this work is in no way to be construed to mean that such names may be regarded as unrestricted in respect of trademark and brand protection legislation and could thus be used by anyone.

Cover image: www.ingimage.com

Publisher:
Éditions Croix du Salut
is a trademark of
Dodo Books Indian Ocean Ltd. and OmniScriptum S.R.L publishing group

120 High Road, East Finchley, London, N2 9ED, United Kingdom
Str. Armeneasca 28/1, office 1, Chisinau MD-2012, Republic of Moldova, Europe
Managing Directors: Ieva Konstantinova, Victoria Ursu
info@omniscriptum.com

Printed at: see last page
ISBN: 978-613-7-37638-6

Ghislain Adidem Ndondji ofm

L'Église catholique face aux changements

Vers un nouveau visage

Préface de Mgr Fulgence Muteba,
Archevêque Métropolitain de Lubumbashi

Préface

Les événements sociohistoriques caractérisant notre temps n'épargnent pas la vie de l'Église. Depuis Vatican II, l'Église à appris à ne pas se laisser surprendre par le déferlement de leurs conséquences en son sien. Elle les considère comme des signes de temps. Elle s'efforce, avec l'assistance de l'Esprit, de les scruter, de les décrypter et, au besoin, de les anticiper tout en maintenant la tête au-dessus de l'eau, c'est-à-dire sans se laisser happer ou déborder par la fureur de leurs vagues.

L'ouvrage du Père Ghislain Ndondji Adidem, ofm, est un essai courageux de décryptage des signes de notre temps. Il s'agit d'une lecture audacieuse de l'évolution de l'Église à travers les mutations en cours, ayant pour fil conducteur l'évolution de la vie religieuse dans les deux hémisphères de notre globe. L'auteur affronte avec réalisme la question combien lancinante de l'identité et de l'avenir de l'Église face aux bouleversements vertigineux qui secouent le monde actuel. Loin de se limiter à tirer une sonnette d'alarme ou ne susciter que peurs et interrogations, le franciscain suggère avec parcimonie des attitudes qui conviennent. D'une part, il invite l'Église du Nord, sans cesse dépouillée et davantage frappée d'atrophie, à assumer ce que j'appellerai volontiers, à la lumière de l'Apôtre de nous autres Gentils, « cure du nouvel homme ». Cette cure que les temps nouveaux imposent à l'Église de la vieille chrétienté, malgré elle, suppose qu'elle se débarrasse, bon gré mal gré, des manies du vieil homme que le Père Ghislain énumère sans masques. D'autre part, il avertit l'Église de l'hémisphère sud, qu'il appelle « émergente », à ne pas rester spectatrice devant la force des mutations en cours. Les deux Églises sont invitées à s'assumer dans l'ouverture, avant tout à l'Esprit Saint, mais aussi à une espèce d'« aggiornamento du serpent » qui, comme on sait, renouvelle l'éclat de la peau de ce reptile sans sacrifier son identité de serpent. Dans un style direct et captivant, le franciscain en appelle à quitter les certitudes, les masques de l'histoire, en affrontant les défis, au lieu de se replier sur soi. Il propose de relire l'histoire de l'Église, d'y trouver des stratégies pour passer au travers de la tempête de notre société d'aujourd'hui. En définitive, évoquant la scène des disciples pris dans la tempête, le Père Ghislain nous amène, tous, à nous tourner résolument vers Jésus, tête de l'Église, pour vivre dans la foi la révolution de l'évolution sociohistorique en cours.

Fruit d'une longue réflexion, ce livre est avant tout le témoignage d'un homme d'une grande culture, branché dans le monde des médias et rompu au sens de l'histoire, même dans ses détails apparemment anodins. Un de ses mérites est de faire l'herméneutique des mutations sociohistoriques dans une relation vivante avec le renouvellement du visage de l'Église.

†Fulgence MUTEBA MUGALU
Archevêque Métropolitain de Lubumbashi
République Démocratique du Congo

« Le Royaume de Dieu vous sera retiré pour être confié à un peuple qui lui fera produire ses fruits. »

Mt. 21, 43

«Afrique, terre d'une Nouvelle Pentecôte, aie confiance en Dieu ! Animée par l'Esprit de Jésus-Christ ressuscité, deviens la grande famille de Dieu, généreuse avec tous tes fils et filles, acteurs de réconciliation, de paix et de justice ! Afrique, Bonne Nouvelle pour l'Église, deviens-le pour le monde entier ! »

Pape Benoît XVI, le 19 novembre 2011, au Bénin.

Introduction

L'évolution actuelle de l'histoire de l'Église catholique soulève bon nombre de questions. Dans la phase actuelle de la vie de l'Église, l'une des questions posées avec acuité concerne à la fois le fond et la forme de l'identité catholique : **être catholique aujourd'hui**.

Le diocèse de Timmins, dans le Nord de l'Ontario, au Canada, avait choisi comme thème de l'année pastorale 2010-2011 : « Être catholique : un appel, un défi ». Au-delà des apparences du sujet, cette priorité pastorale posait un problème devenu existentiel et fondamental, à savoir : l'avenir de l'Église catholique. Comment cette Église vivra-t-elle sa foi à travers les mutations et les transformations qu'elle traverse maintenant et durant les prochaines années : comme un appel ? ou comme un défi ? Comment vivra-t-elle les changements actuels et futurs sans contredire le message de l'Évangile qu'elle charrie et véhicule ? Aussi, dans ce processus d'une « Église » en butte aux changements, quelle sera la probable physionomie de cette institution millénaire, dont il faudra désormais tenir compte ?

La problématique qui sous-tend l'évolution de l'Église se trouve clairement posée dans l'approche d'un renouveau ou mieux d'un re- nouvellement. Quel sera le nouveau visage de l'Église catholique dans les prochaines décennies ? Et pour les pays catholiques de l'hémisphère Sud, la pertinence de cette problématique devient plus qu'évidente. Selon toutes les prévisions, les communautés chré- tiennes issues du Sud, et particulièrement du continent noir, seront très bientôt appelées à jouer un nouveau rôle, important et déterminant, dans la constellation future de la vie et de l'histoire de l'Église. Plus spécifiquement, quel rôle joueront ces églises dans sa nouvelle configuration ? Autrement dit, quelle place ces églises occuperont- elles dans le nouveau mode d'exister de l'Église entière ?

La quasi-totalité des historiens contemporains de l'Église s'accorde pour affirmer que l'Église catholique est en pleines mu- tations.[1] Ces mutations aboutiront à la transformation profonde du visage actuel de l'Église. Ce sera une Église revue et corrigée, fidèle aux appels de l'Esprit.

Il ne fait point de doute que ces mutations se poursuivront et prendront des formes variées. Vu de l'Afrique, par exemple, quel se- ra ce nouveau visage ? C'est-à-dire, le visage tel qu'il nous sera don- né de le voir, de l'observer, de le vivre ; avec ou sans notre consentement. Ces questions nous engagent et nous convoquent à la réflexion.

Parlant de l'avenir de l'Église, l'image qui me vient à l'esprit est celle que décrivent les évangiles synoptiques.[2] Jésus est

---

[1] Parmi ces mutations je peux citer la baisse de la pratique religieuse, le rôle dé- sormais important et déterminant des laïcs dans une église restée longtemps cléricale, la place de la femme, la crise de la foi, le vieillissement de la popula- tion catholique, la place des jeunes etc (…).

[2] Mt. 8, 23-27; Mc. 4, 35-41; Lc. 8, 22-25.

dans la barque avec ses disciples. Une grande tempête frappe la mer au point que la barque risque de sombrer. Pris de panique, les disciples réveillent Jésus qui semble dormir tranquillement. « **Pourquoi avez-vous peur, hommes de peu de foi** », dit-il, à ses disciples apeurés, avant de menacer les vents et de prendre le contrôle de la situation.

La barque actuelle de saint Pierre s'en trouverait probablement là. Elle est menacée par des vents violents venant de toutes parts. C'est véritablement une croisée des chemins, qui, tous mènent de toute manière à Rome. Pourtant, un observateur attentif de l'histoire de l'Église sait bien qu'en plus de deux mille ans, l'Église a survécu à plusieurs tempêtes et naufrages. Tempêtes et naufrages, quoi de plus normal dans une vie. Qui d'cntrc nous n'a pas eu à affronter un jour ou l'autre une grosse tempête, un gros tourbillon dans son existence ?

J'ai souvent été fasciné, chez Marc et Luc,3 par la péricope qui précède cette scène où Jésus apaise la tempête. Les deux évangélistes rapportent qu'avant de monter dans la barque, Jésus dit à ses disciples : « Passons sur l'autre rive ». L'image et l'analogie m'apparaissent bien à propos pour une Église en train de passer sur une autre rive. Il me semble qu'un nouveau visage de l'Église surgira de ce passage obligé. L'Église est en route vers une autre rive. Et c'est tant mieux, car nous

---

³ Mc. 4, 31 ; Lc. 8, 2

avons ainsi la preuve que l'Esprit-Saint est le seul qui conduit cette traversée et non pas des calculs savants, souvent trop humains, des acteurs-hommes que nous sommes.

Pour l'Église catholique, passer sur l'autre rive voudra peut-être dire, quitter ses rêves d'un passé nostalgique pour accueillir avec sérénité les défis du temps présent. Passer sur l'autre rive sera aussi, et même inévitablement, faire le long voyage vers son intérieur pour y découvrir les nombreuses richesses qu'elle renferme et les laisser germer, éclater et fleurir. Un tel voyage exigera de l'Église de quitter ses certitudes ordinaires pour aborder les nouveaux défis d'un monde devenu global, d'un monde où tous sont citoyens d'un même village. Comme le dit l'épître aux Galates : « **Il n'y a plus ni Juifs, ni Grecs; il n'y a plus ni esclaves, ni homme libre ; il n'y a plus l'homme et la femme ; car tous, vous n'êtes plus qu'un en Jésus- Christ.** »[4] Pour l'Église, passer sur l'autre rive, sera finalement revenir aux origines de sa vocation chrétienne comme le décrit ce texte de l'épître aux Galates. Passer sur l'autre rive, c'est donc être dans les faits et en réalité une Église catholique, c'est-à-dire universelle où les Grecs côtoient les Romains, les Africains côtoient les Occidentaux, et où les Asiatiques travaillent main dans la main avec les Latino-Américains. C'est ce modèle-là d'Église que Jésus a voulue et pour lequel il est la tête. Jésus ne nous a pas laissé le modèle d'une église dominante et une église

---

[4] Ga. 3, 28.

servante. Il nous a juste laissé une Église : son Église. Et un des défis majeurs de l'Église d'aujourd'hui, c'est de trouver la ligne juste pour vivre comme des frères et des sœurs, malgré nos différences d'origines, de moyens financiers et d'opinions. Mais comment vivre et être soi-même sans aliéner la vie des autres ?

Au cours de l'histoire du salut, Dieu n'a pas dispensé son peuple de vivre des défis et des épreuves. Aujourd'hui encore, il ne dispense pas son Église des défis et des épreuves. Cependant, une chose est certaine, et le Seigneur Jésus l'a démontré à ses disciples, il est toujours présent au milieu de la barque et il ne la quittera jamais.

Pourtant, ma question de départ demeure : l'Église catholique osera-t-elle se mettre en route pour aborder les nouveaux rivages auxquels elle est conduite ? Est-elle prête à abandonner ses vieux paradigmes pour s'orienter vers un nouveau modèle, plus adapté aux réalités du moment ?

Ma réflexion s'articulera autour de trois chapitres.

Le premier chapitre parle d'un monde en pleines mutations. J'ai délibérément choisi *trois points* pour focaliser l'attention sur ces mutations : le G20, la Fédération Internationale de Football Association (FIFA) et enfin l'affaire Dominique Strauss-Kahn qui a secoué le monde des affaires.

Le deuxième chapitre est une invitation à lire les signes des temps. Cette lecture permet de découvrir un visage nouveau de l'Église catholique. Je ferai souvent référence à la vie religieuse comme un signe annonciateur de ce nouveau visage.

Enfin, sous un intitulé un peu provocateur : « Le Nord ferme, le Sud recrute », le troisième chapitre fait une analyse sans complaisance de la situation démographique de l'Église catholique dans les deux hémisphères. Alors qu'au Nord le nombre de chrétiens diminue sans cesse ayant comme conséquence la fermeture et la vente d'édifices, au Sud on constate plutôt une augmentation de nouveaux membres et la construction de nouveaux lieux sacrés.

La conclusion de ma réflexion se veut une page ouverte sur la- quelle tout le monde peut coucher sa réflexion.

Premier chapitre

Un monde qui change et bouge

John Gardner disait: «Le dernier geste d'une organisation agonisante est de publier une édition nouvelle et augmentée de son livre de règles.»[5]

Dans ce chapitre, je voudrais démontrer que l'Occident se considère encore et toujours comme le gendarme et le maître du monde alors qu'il ne devrait plus en être ainsi. Il dicte sa vision sur le plan politique, économique, et même religieux alors que la situation a fortement changé. Je donnerai quelques exemples pour étayer cette thèse.

Tout d'abord les péripéties ayant conduit à l'arrestation du couple Laurent Gbagbo à Abidjan, le 11 avril 2011 nous avaient offert une preuve éclatante de cette mainmise de l'Occident sur la gestion des affaires de l'Afrique. Commentant les images de cette arrestation et en réponse à une question de François Soudan du magazine "Jeune Afrique", le président rwandais Paul Kagame avait affirmé : « *Une sorte de tristesse quant à la façon dont on fait et conçoit la politique en Afrique. Ces images ont quelque chose de tragique, mais elles sont aussi largement artificielles. Elles tentent de démontrer que ce*

---

[5] Cité par O'MURCHU Diarmuid, *La vie religieuse revue et corrigée*, Novalis, Ottawa, 2008, p.29.

sont les forces d'Alassane Ouattara (président de la Côte d'Ivoire) *qui ont procédé à cette arrestation, mais plus je les regarde, plus je vois derrière l'ombre du metteur en scène étranger. Le fait que, cinquante ans après les indépendances, le destin du peuple ivoirien, mais aussi son économie, sa monnaie, sa vie politique, soient encore contrôlés par l'ancienne puissance coloniale pose problème. C'est cela que ces images montrent avant tout.* »[6] En réalité, le constat du président rwandais ne s'applique pas seulement à la Côte d'Ivoire. C'est le destin de toute l'Afrique qui est contrôlé et géré par des puissances étrangères et impérialistes. Et comme il le dit bien, « cela pose problème. »

La quasi-totalité des dictateurs qui se sont succédé sur le continent noir, tout comme les 'démocrates' qu'on lui impose, sont, pour la plupart, des créations '***made in***' Occident. Il suffit de penser à un Jean Bedel Bokassa et son successeur immédiat David Dacko imposé, par les Français, à la République centrafricaine, à la suite de l'opération Barracuda. Pensons encore à un Idi Amin Dada, à un Mobutu Sese Seko[7], à un Gnassingbé Eyadema, à un Moubarak etc. Ces dirigeants ont été soutenus par l'Occident parce qu'ils jouaient correctement le rôle leur ayant été assigné par les puissances impérialistes. Au plus fort de leur gloire, ils ont servi les intérêts

---

[6] SOUDAN François, *Magasine Jeune Afrique* numéro 2625, du 1er au 7 mai 2011, pp. 22 - 27

[7] Lire à ce propos le livre de Vunduawe Te Pemako, F., *A l'ombre du Léopard. Vérités sur le régime de Mobutu Sese Seko,* Éditions Zaïre Libre, Bruxelles, 2000

capitalistes au mépris de leurs propres populations. La période de la guerre-froide nous a aidés à comprendre comment l'Occident a utilisé des dirigeants politiques africains pour violer les droits et les libertés de leurs peuples au profit de l'hégémonie occidentale. Tant qu'il s'agit de sauvegarder des intérêts occidentaux, les yeux sont fermés sur les violations les plus flagrantes des droits humains. Pendant plusieurs décennies, l'Occident joue ce jeu. Il est ahurissant d'observer que bon nombre de dirigeants du Tiers-Monde ont offert et offrent encore le meilleur d'eux-mêmes pour implanter cette hégémonie occidentale dans leurs pays.

Ils « *s'affichent comme les plus fervents collaborateurs du système qui vise à les asservir. Ils évoluent dans la lignée de leurs devanciers, ces roitelets nègres qui ont endossé une part de responsabilité devant l'Histoire en collaborant avec les esclavagistes occidentaux durant la traite négrière, laquelle a occasionné l'hécatombe et provoqué les stigmates que l'on sait.* »[8]

Comme nous pouvons le constater, en s'appuyant sur certains dirigeants du Sud, l'Occident ne se soucie pas avant tout du bien-être des peuples du Tiers-Monde, il se cramponne plutôt à ce qui assure sa sécurité, qui lui rapporte de l'argent et qui l'aide à garantir sa suprématie dans le monde. Plus personne ne peut aujourd'hui nier cette évidence.

---

[8] MBAYE Sanou, *L'Afrique au secours de l'Afrique,* Les Éditions de l'Atelier/Éditions Ouvrières, Paris, 2009, p. 18

Les populations d'Asie, d'Amérique latine et surtout d'Afrique subsaharienne ont suivi et suivent encore pieusement et religieuse- ment des modèles occidentaux... À ce propos, Sanou Mbaye écrit:

« *Pour bon nombre de pays d'Afrique noire, l'Occident est devenu la référence absolue. Tout se passe comme si copier et se soumettre au modèle occidental était devenu une inclination inéluctable.* »[9] Être à la mode, se réduit à imiter le modèle occidental. Les valeurs occidentales ont été érigées en valeurs universelles ; ce qui explique aujourd'hui encore leur visible hégémonie. Pour s'enraciner profondément, une telle hégémonie avait également besoin d'une approbation sociale et religieuse. C'est cette dépendance vis-à-vis de l'extérieur que dénonce Mgr Emery Kabongo, ancien secrétaire particulier de Jean Paul II et évêque émérite de Luebo, en République Démocratique du Congo, quand il affirmait : « *Très souvent, nous donnons, nous Africains, l'impression que, pour suivre notre chemin, les autres doivent nous guider. Nous pensons que notre développe- ment, notre philosophie, notre pratique de la théologie ou des mathématiques dépendent totalement des autres.* »[10]

L'Église catholique s'est malheureusement et curieusement rendue coupable en jouant un rôle important dans l'expansion

---

[9] MBAYE Sanou, *L'Afrique au secours de l'Afrique,* p. 25
[10] Magasine Jeune Afrique numéro 2625, du 1er au 7 mai 2011, p. 35

et l'implantation de cet impérialisme occidental. On ne saurait passer sous silence ce témoignage accablant de l'Église.[11] A ce propos encore, Yaya Sy écrit: « *Le soutien de l'Église catholique et apostolique romaine aux pouvoirs politiques modernes au XVème siècle était indispensable à leur expansion planétaire et à la justification de l'esclavage et de la colonisation qui s'ensuivi* [12]*,* et le même Yaya Sy de conclure : « *Dans cette seconde moitié du XVème siècle bouillonnante de l'impérialisme naissant de l'Occident chrétien, l'Église catholique a pris position très rapidement en soutenant sans réserve, dès leur début, les conquêtes portugaises.* »[13]

En effet, le christianisme est arrivé dans les pays colonisés, ha- billé d'un manteau de la culture occidentale, au point que certains ont eu la fausse impression de penser que le christianisme était d'origine européenne, et Jésus lui-même un européen. Et comme l'affirme Élisabeth Mudimbe-Boy : « *A la lumière de l'histoire, il semble donc que, dès l'inauguration de l'ère missionnaire et les premiers moments de la christianisation en Afrique, la dimension religieuse de la mission ait été liée ou associée au culturel et au politique* ».[14]

En s'insérant dans ce système impérialiste qu'elle a épousé et même renforcé au cours des siècles, l'Église catholique a

---

[11] NDOUMAÏ Pierre, *On ne naît pas noir, on le devient*, L'Harmattan, 2007, p. 83.

[12] SY Yaya, *Les légitimations de l'esclavage et de la colonisation des nègres*, L'Harmattan, 2009, p.290.

[13] SY Yaya, *Les légitimations de l'esclavage*, p. 306.

[14] MUDIMBE – BOY Élisabeth, *Essais sur les cultures en contacts : Afrique, Amérique, Europe*, Karthala, 2006, p. 23.

contribué à asseoir, tant soit peu, un pouvoir qui domine et qui exploite les pauvres. Cette vision impérialiste a largement servi à façonner le vi- sage même de l'Église. Il est devenu presque normal de penser qu'il y a une église qui commande parce qu'elle est riche et une autre qui obéit parce qu'elle est pauvre. Et par exemple, « *le fait que l'Église d'Afrique reste jusqu'aujourd'hui tributaire de celle de l'Occident favorise une stratification des relations, qu'on le veuille ou non, en termes d'infériorité et de supériorité* »[15]. Cette ecclésiologie n'est ni acceptable ni conforme à la loi divine.

Pourtant, il nous faut reconnaître que notre Église est calquée sur ce modèle de société impérialiste, où il y a d'une part, ceux qui dirigent et d'autre part, ceux qui obéissent. Une relecture attentive de l'histoire de l'Église nous fait découvrir la présence des éléments issus de l'impérialisme occidental dans la structuration et l'organisation de l'Église. A l'époque coloniale, par exemple, et cela pendant de longues années, une alliance s'était nettement dessinée entre l'exploitant occidental et les autorités religieuses catholiques. On a appelé cela, la trilogie coloniale ou **3 M** : **M** comme Missionnaires, **M** comme Militaires et **M** comme Marchands. La réflexion d'Augustin Ramazani va dans le même sens quand il affirme : « *La domination coloniale s'est exercée à travers un triple jeu de forces indissociables, appelé communément 'le trinôme colonial': l'administration coloniale, les compagnies*

---

[15] NDOUMAÏ Pierre, *On ne naît pas noir, on le devient*, p. 1

commerciales, les mis-sions chrétiennes ».[16] En favorisant la sécurité de l'Occident, en facilitant la domination occidentale sur les populations colonisées, l'Église catholique a beaucoup nui à sa mission d'évangélisation. Elle en paiera longtemps encore le tribut. Et si Jean Paul II a eu le courage de demander pardon aux Africains, en 1992 à l'île de Gorée, au Sénégal,[17] c'est entre autre à cause de ce poids de l'histoire qui pèse lourd sur l'Église catholique.

Les éléments impérialistes présents dans l'organisation actuelle de l'Église, ne sont donc pas d'origine divine et n'obligent en rien les peuples non occidentaux de les suivre religieusement comme s'ils étaient une inspiration directe du Saint-Esprit.

Fort heureusement, ce modèle occidental qui a servi longtemps de cadre de base pour une certaine compréhension du monde, est en train de s'effondrer. Comme je vais le montrer plus loin, les pays émergents n'acceptent plus le diktat occidental. Tout comme les églises émergentes n'accepteront plus pour longtemps encore le diktat de l'église occidentale. Un nouveau type des rapports est en train de voir le jour.

---

[16] RAMAZANI BISHWENDE Augustin, *Église – famille de Dieu. Esquisse d'ecclésiologie africaine*, L'Harmattan, 2001, p. 75.
[17] MPISI Jean, *Les évêques africains et la traite négrière : pardon de l'Afrique à l'Afrique*, L'Harmattan, 2008, p. 89.

1.1. Du G6 au G20

Lors de sa création, en 1975, le Groupe des 6 (G6) regroupait les États-Unis, le Japon, la République Fédérale d'Allemagne, le Royaume Uni, la France et l'Italie. A l'origine, c'était un groupe informel de discussion entre les chefs d'État et de gouvernement des pays les plus industrialisés.

Une année plus tard, le Groupe s'élargissait à sept avec l'intégration du Canada. En 1998, la Fédération de Russie rejoignit le groupe pour former le G8. Les dirigeants de ces pays se rencontrent une fois l'an lors d'un sommet réunissant les chefs d'État ou de gouvernement, ainsi que les présidents de la Commission et du Conseil européen.

En 1999, après la succession de crises financières des années 1990, fut créé le Groupe des 20 (G20) qui regroupait 19 pays plus l'Union européenne. Beaucoup de pays dits émergents avaient fait leur entrée dans ce club des 20.[18]

Au sommet de 2010, la Corée du Sud qui, jusqu'à récemment encore, était comptée parmi les pays qui obéissent, acceptent et se plient aux décisions dictées par les pays développés, était passée dans le camp du groupe qui dirige l'économie mondiale. Il faut mentionner tout particulièrement que ce sommet, tenu du 11 au 12 novembre

---

[18] Les membres du G20 sont : l'Afrique du Sud, l'Allemagne, l'Arabie saoudite, l'Argentine, l'Australie, le Brésil, le Canada, la Chine, la Corée du Sud, les États-Unis, la France, l'Inde, l'Indonésie, l'Italie, le Japon, le Mexique, le Royaume-Uni, la Russie, la Turquie et l'Union européenne.

2010, à Séoul, en Corée du Sud était le premier organisé par un pays ne faisant pas partie du G7. Tout un changement remarquable et même remarqué de ce qu'il convient d'appeler « le début du transfert de pouvoir ». Plus encore, ce sommet-là s'était ouvert dans un climat de tension et de forte opposition entre la Chine et les États-Unis, sur le front des monnaies. Les États-Unis devraient désormais faire face à une opposition grandissante. Ce contexte était relativement nouveau dans les relations internationales. Mais ce qui avait le plus interpellé ma conscience d'observateur averti, fut le moment du dîner de travail des chefs d'État, où le président sud-coréen, Lee Myung-Bak avait demandé à tous les pays de faire des concessions. Cette phrase m'avait paru comme un coup de tonnerre dans le ciel serein de Séoul. Cela voulait-il dire qu'il n'y aurait plus désormais un camp qui va imposer ses vues aux autres ? Qu'il n'y aurait plus ceux qui décident et ceux qui obéissent ? J'avais beaucoup apprécié le courage de ce chef d'État. Mais il y avait plus encore ! J'avais été frappé également par la façon dont le protocole avait disposé les différents chefs d'État et de gouvernement autour de la table du dîner. Pour la première fois, les États-Unis d'Amérique, représentés par le président Barack Obama, n'étaient plus placés en face de leurs alliés traditionnels du G7. Le président américain devrait désormais affronter les regards directs, des présidents chinois Hu Jintao, brésilien Lula da Silva, russe Dimitri Medvedev et finalement de la chancelière allemande

Angela Merkel. Ce détail peut sembler anodin, mais en spéculant sur cette simple disposition des chefs autour de la table, j'y ai personnellement décelé un signe annonciateur de l'essoufflement du système économique capitaliste[19] et la fin d'un ancien ordre où l'Occident était le maître de tous ; de même que le début d'une nouvelle ère, qui tenait désormais compte des puissances émergentes.

A propos de ces nouvelles puissances, leur émergence constitue probablement le plus grand événement du 21ème siècle. Le monde change le monde bouge.

Le tableau suivant illustre à merveille l'avènement d'un nouvel ordre mondial.

---

[19] MULDER Frank, « Eurocrisis is symptoom van mondiale machtsverschui- ving », in De Morgen, dinsdag 09 augustus 2011.

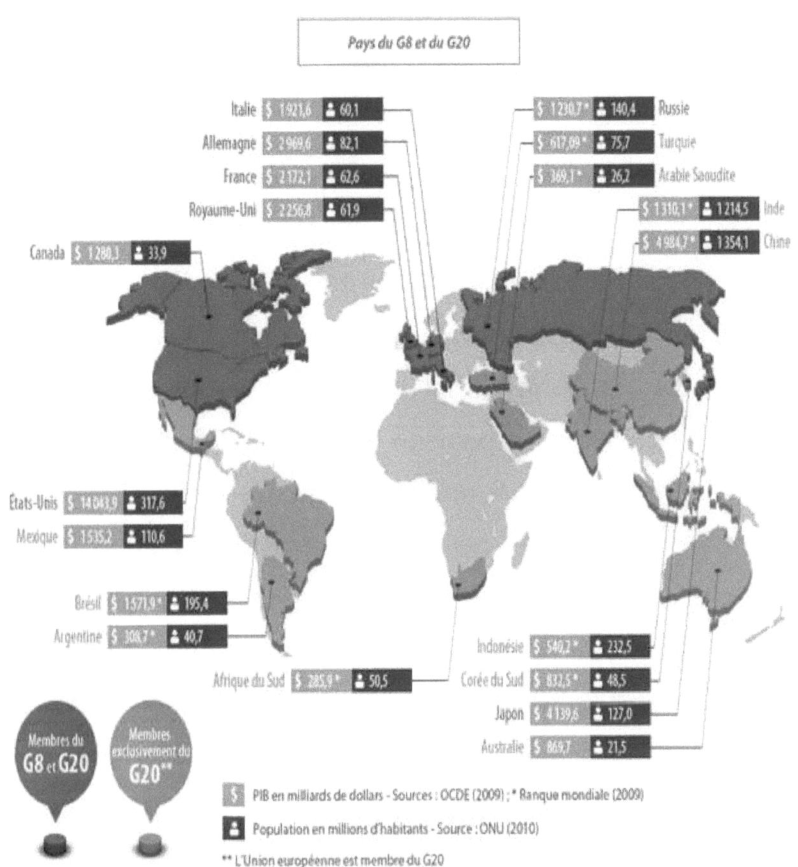

1.2. La Fédération Internationale de Football Association

Dans le domaine du football, la Fédération Internationale de Football Association (FIFA) a également pris un virage important, concernant l'organisation de la Coupe du Monde de football. Cette compétition a lieu tous les quatre ans. La première édition de cette prestigieuse compétition internationale a eu lieu en 1930. De 1930 à 1998, c'est-à-dire pendant soixante-huit ans, la finale de cette coupe a été organisée six fois seulement en dehors de l'Occident.[20] Toutes les autres fois, ce privilège de l'organisation revenait à l'Europe occidentale (9 fois) et aux États-Unis (1 fois, en 1994).[21]

Mais, à partir de 2002, un changement notable a été observé. Le choix de la FIFA s'est déporté vers les pays émergents, et pour la première fois dans l'histoire de la Coupe du Monde de football, la finale de cette prestigieuse compétition avait été organisée en Asie, donc en dehors des trois continents traditionnels. C'est la Corée du Sud et le Japon, conjointement, qui avaient accueilli la finale de la Coupe. En 2006, c'était l'Allemagne qui en avait assuré l'organisation. Par après, la finale de la Coupe du Monde de football avait pris des chemins jusque-là insoupçonnés. La dernière finale de cette compétition s'est jouée, en 2022 ; en dehors de l'Occident. Le 15 mai 2004, la FIFA avait décidé d'attribuer l'organisation de la dix-neuvième édition à l'Afrique du Sud. Elle avait eu lieu en 2010. Ainsi après la Corée du Sud et le Japon, un autre pays émergent avait pris la vedette dans l'organisation d'une finale de la Coupe de Monde, cette fois sur le sol africain. En dépit des rumeurs persistantes selon lesquelles cette finale serait transférée dans un pays autre que l'Afrique du Sud, le pays de Nelson Mandela avait su organiser

---

[20] 1930 en Uruguay, 1950 au Brésil, 1962 au Chili, 1970 au Mexique, 1978 en Argentine, 1986 au Mexique.

[21] www.footforever.com; www.storyfoot.com

de façon impeccable cette épreuve. Malgré également les turbulences et la crise financière mondiale, les recettes de l'édition 2010 avaient dépassé celles des éditions précédentes. Puis, après l'Afrique du Sud, ce fut le tour du Brésil, un autre pays émergent, à qui revint l'honneur d'organiser la finale de cette compétition, en 2014. Quant à l'édition 2018, elle avait attiré plusieurs candidatures et non les moindres : onze au total, dont deux conjointement.[22] Et parmi les candidats figuraient les États-Unis, représentés pour la circonstance, par son ancien président Bill Clinton.[23] Comme en 2002 et en 2010, ce fut la Russie qui, pour la première fois, organisa la finale de la coupe du monde de football. Le cycle du changement avait continué. Car pour l'édition de 2022 de la Coupe du Monde, une autre grande première se réalisa. Le Qatar en l'assuma l'organisation.

Ce changement dans l'organisation de la Coupe du Monde de football n'est pas dicté par une sorte de justice distributive qui voudrait, par exemple, qu'on donne la chance aux autres nations non occidentales d'en organiser la finale. Il serait naïf de le croire. Il y a une conjonction de la géoéconomie et de la géopolitique du moment, et donc rien ne fut laissé au hasard.

En réalité, il y va de la croissance des revenus de la FIFA,

---

[22] Il s'agit de l'Angleterre, de la Belgique conjointement avec les Pays-Bas, la Russie, l'Espagne conjointement avec le Portugal, l'Australie, la Corée du Sud, les États-Unis, le Japon, le Qatar, l'Indonésie et le Mexique.
[23] La Corée du Sud, le Japon et l'Australie étaient également candidats.

qui voulait se tourner vers de nouveaux marchés.[24]

Il s'agit pour moi de souligner qu'un changement visible s'était opéré dans la politique de l'organisation, de la plus prestigieuse compétition mondiale de football. Le monde changeait, le monde bougeait, il en fut ainsi en football aussi.

Même les discours des dirigeants politiques occidentaux commençaient à tenir compte de ce changement. Ainsi par exemple, lors de sa visite en Inde, au mois de décembre 2010, le président français Nicolas Sarkozy avait parlé de nouveaux rapports de partenariat. Sous la plume de Véronique Rigolet, envoyée spéciale de Radio France Internationale (RFI) à Bombay, Sarkozy affirmait : « *L'essentiel, c'est que vous compreniez bien que nous ne sommes pas venus ici trouver des nouveaux clients. Nous sommes venus ici vous proposer un partenariat parce que, peut-être même que nous croyons à l'avenir de l'Inde plus que vous-mêmes.* »[25]

Aussi, lors du troisième sommet Afrique – Union Européenne tenu à Tripoli, du 29 au 30 novembre 2010, les dirigeants africains avaient milité pour un partenariat équitable. Ils voulaient en fait devenir partenaires égaux avec leurs homologues occidentaux et non des simples exécutants de leurs ordres. Nonobstant le fait que le chemin à parcourir soit encore long et que beaucoup de ces dirigeants africains

---

[24] Il suffit de penser aux droits de transmissions TV, aux licences, aux droits de commercialisation etc.

[25] Site web RFI (www.rfi.fr), « Inde-France », article publié, le mardi 07 décembre 2010.

fassent encore partie d'un vaste complot contre leurs populations, un vent de changement commençait à souffler. Il n'est plus possible de l'ignorer. Le monde change, le monde bouge.

La situation actuelle que traversent le Burkina Faso, le Mali et le Niger est également une preuve que ce monde est en pleines mutations. LA CEDEAO (Communauté Économique des États d'Afrique de l'Ouest) était une organisation régionale de l'Afrique de l'Ouest qui avait été fondée en 1975. Mais depuis l'arrivée au pouvoir des militaires d'une nouvelle génération des politiciens, visiblement anti Occident, ces trois pays ont basculé vers des horizons devenus de plus en plus hostiles à l'occidents, et même des anti-occidentaux. Le 29 janvier 2025, ces trois pays ont officiellement quitté la Communauté Économique des États d'Afrique de l'Ouest (CEDEAO) pour fonder une nouvelle organisation, la Confédération du Sahel. Ce dernier sujet mériterait une analyse approfondie et systématique des relations internationales. Dans le cadre de ce livre, je me limite simplement à constater les faits et les épingler.

1.3. L'affaire Dominique Strauss-Kahn

Le dernier exemple dans ce chapitre est celui ayant défrayé la chronique des médias du monde entier et qu'il convient d'appeler : l'affaire Dominique Strauss-Kahn.

Dominique Strauss-Kahn, surnommé DSK, n'est pas n'importe qui. Ce Français, à l'époque âgé de 62 ans était avant tout un professeur d'économie, de renommée internationale. Il avait été ministre français de l'économie, des finances et de l'industrie. Le premier novembre 2007, il devint directeur général du Fond Monétaire International (FMI), la plus haute institution financière du monde.[26] DSK devint ainsi un des hommes les plus importants et les plus influents du monde économique. Le 14 mai 2011, il fut mis en cause dans le cadre d'une affaire d'agression sexuelle. Il démissionna de son poste le 18 mai 2011 et fut formellement mis en accusation le 19 mai 2011. La femme qui l'accusait d'agression sexuelle, par ruse ou pour du vrai, s'appelait Nafissatou Diallo, une Guinéenne âgée de 32 ans au moment des faits. Elle vivait aux États-Unis.

Le juge en charge du dossier avait rendu son verdict. Quant à moi, ce qui m'intéresse dans cette affaire, n'est pas la vie privée de DSK, qui du reste, mérite respect et protection. Ce n'est pas non plus des considérations d'ordre morale qui m'intéressent. Mon intérêt dans cette affaire porte plutôt sur l'ensemble des contradictions que renferment ce dossier, ainsi que le symbolisme qu'on j'y décèle.

D'abord, le fait que c'est le tout-puissant patron du FMI (Fond Monétaire International) qui tombe devant une toute

---

[26] http://fr.wikipedia.org/wiki/Dominique_Strauss-Kahn

petite jeune femme ouvrière, est en soi, un symbole plein de signification. On y verrait par exemple la toute-puissance de l'argent s'écroulait devant la pauvreté d'une petite ouvrière. Quel changement !

Ensuite, dans le sillage des rapports Nord-Sud, dominant-dominé, c'est l'Occident dans toute sa splendeur qui s'effondre devant la pauvre Afrique.

Et enfin, et peut-être plus pertinent encore, c'est comme l'orgueil des hommes qui s'agenouille devant la résilience de la femme qui soudain semble retrouver son statut. Quel renversement !

A y voir de plus près, Dominique Strauss-Kahn n'était en réalité que le symbole d'un système essoufflé qui ne tient plus ni le coup, ni la route.[27] DSK n'était un signe avant-coureur, un signe annonciateur des temps nouveaux. Qui pourrait comprendre et expliquer ce qui arriva à l'ancien directeur du FMI : homme intelligent, puissant et riche ; comment avait-il pu être piégé et si vite, par une histoire qui n'a jamais dit vraiment son nom ? N'était-il pas victime d'un système devenu un monde en panne ?

Ce monde est en plein changement. Ce monde bouge…

---

[27] Lire : http://economie.trends.levif.be : « Pays émergents, Chine, Accords, Secours, Européen, Fond Monétaire International » ; http://www.lexpress.fr/actualites/1/economie : « La Chine au secours de l'Europe, un projet qui inter- roge et inquiète. »

Deuxième chapitre

Savoir lire les signes des temps

Les changements et les transformations que je viens d'évoquer ne sont pas sans conséquences sur la vie de l'Église. De plus en plus, les églises du Sud commencent à prendre conscience de leur rôle et de leur importance dans l'organisation et dans la prise de décisions concernant la vie de l'Église. À l'image des pays émergents où elles sont implantées, elles "émergent" à leur tour. Il y a des signes qui ne trompent pas.

Un jour, Jésus s'adressait à ses disciples en ces termes : « *Quand vous voyez un nuage monter au couchant, vous dites aussitôt qu'il va pleuvoir, et c'est ce qui arrive. Et quand vous voyez soufflez le vent du sud, vous dites qu'il fera très chaud, et cela arrive. Esprit faux ! L'aspect de la terre et du ciel, vous savez le juger, mais le temps où nous sommes, pourquoi ne savez-vous pas le juger ?* »[28] Aujourd'hui, les temps ont véritablement changé pour l'Église catholique. Il y a des nouveaux signes qu'il faut scruter et interpréter. En effet, quand on regarde la situation actuelle de l'Église, la remarque de Jésus nous interpelle fortement. L'Église catholique vit comme un monde à l'envers, un virage

---

[28] Lc. 12, 54-56.

à cent quatre-vingt degré. On a l'impression que le mal sème son ravage et dans les chefs et dans les membres, de l'intérieur et de l'extérieur. L'Église vit des moments douloureux. Tellement douloureux et pénibles que les prophètes de malheur annoncent une ère de décadence. Heureusement que ce n'est pas vrai, car l'Esprit purificateur de Dieu souffle où il veut, quand il veut et comme il veut.

Mais il ne faut pas trop vite se consoler. Il faut plutôt lire avec attention ces signes. Aujourd'hui, il faut avoir le courage de regarder le passé, d'apprécier le présent pour planifier l'avenir. La situation que traverse l'Église catholique actuellement, n'est pas survenue par hasard ou par surprise. Nous y avons été préparés ; nous avons reçu quelques signes au cours des dernières décennies. Le problème, c'est de n'avoir peut-être pas suffisamment tenu compte de ces signes avant-coureurs.

À y regarder de plus près, la vie religieuse a été la première à sonner les cloches de ce changement.

2.1. Quand la vie religieuse anticipe

Une des caractéristiques de la vie religieuse c'est d'anticiper les temps et les événements futurs. C'est entre autres pour cette raison que la vie religieuse est prophétique. Ce prophétisme est comme une annonce du monde qui s'en vient. Il me semble que jusqu'à ce jour, la vie religieuse a correctement joué son rôle d'annoncer et d'anticiper la vie de l'Église. Elle l'a fait et continue à le faire dans plusieurs domaines de la vie ecclésiale. Or, un des domaines où la vie religieuse a précédé les événements, c'est dans la baisse toujours grandissante du nombre des catholiques pratiquants, surtout en Occident. Les congrégations religieuses occidentales ont été les premières à constater une chute vertigineuse de leurs membres.

Les statistiques démontrent que depuis un peu plus de quarante ans la vie religieuse donnait des sonnettes d'alarme à propos des effectifs des religieux et religieuses Les esprits avertis y prêtent attention et d'autres moins. [29]

Depuis quelques décennies, en effet, plusieurs congrégations religieuses en Occident, ont commencé à vivre une diminution toujours grandissante de leurs effectifs. Ces congrégations donnaient ainsi, comme un signal d'alarme à l'Église universelle. On ne peut plus ignorer cette donnée ou ne pas en tenir compte dans le développement actuel de l'histoire de l'Église.

Un Ministre Général des Franciscains (OFM), Mgr José Rodriguez Carballo, eut des mots justes pour cerner, assez clairement cette problématique quand il écrit : « *À la racine de ce que je n'hésite pas à appeler une préoccupation responsable pour notre avenir - il serait simplement*

---

[29] L'avenir de la vie religieuse en Europe, tel avait été le thème principal des deux assemblées de l'Union des Supérieurs généraux en 2010.

irresponsable de ne pas se poser la question de l'avenir de notre vie sur le vieux continent, particulièrement en se traitant de supérieurs-, il y a une donnée facilement vérifiable pour la vie consacrée et religieuse en Europe : l'importante diminution du nombre de religieux et de religieuses auquel nous assistons, ce qui est dû non seulement au petit nombre d'entrées, mais aussi souvent à la faiblesse de la persévérance.»[30] Une étude poussée pourrait révéler plusieurs causes de cette diminution. Elles sont à la fois internes et externes. Mon propos pour le moment n'est pas de chercher les causes de cette diminution. Ma réflexion se limite à constater cette forte diminution du nombre des religieux et religieuses en Occident et d'en tirer les conséquences qui s'imposent pour l'avenir.

Toujours selon Mgr José Rodriguez Carballo, (OFM) : *« Les statistiques à ce sujet sont claires : entre 1977 et 2005, les religieux prêtres en Europe sont passés de 64.803 à 59.787. Pendant la même période, les religieux laïcs ont diminué de 24.460 à 19.574, et les religieuses sont passées de 388.693 à 322.995. »*[31] Plus intéressante encore, la note qu'ajoute l'ancien Ministre Général des Franciscains, renvoyant le lecteur au livre de Pedro Balderrain.[32] Il y affirme clairement

---

[30] CARBALLO José Rodriguez (Mgr), « Vie consacrée en Europe : engagement pour une prophétie évangélique », Communication à l'Union des Supérieurs généraux, 2010.

[31] CARBALLO José Rodriguez (Mgr), « Vie consacrée en Europe », p. 2

[32] BALDERRAIN, P., *Vocaciones en el mundo : hablan las cifras*, en Vida Religiosa, 93/6, 2002, 286-293

que la diminution n'affecte pas seulement l'Europe, mais aussi l'Amérique qui a perdu 21,1% de ses effectifs et l'Océanie, 40%. Et d'ajouter encore qu'au cours des dernières décennies, la vie consacrée et religieuse a augmenté en Afrique de 46,1% et en Asie de 60,4%. De plus, la précision qui suit est importante : en 2004, les consacrés et religieux en Europe constituaient les 42,76% du total de consacrés et de religieux dans le monde.

En interprétant ces statistiques, il se dégage clairement qu'en vingt-huit ans, soit de 1977 à 2005, l'Europe a connu une diminution de 7,7% de ses prêtres religieux, et de 20% de ses religieux laïcs. Dans l'ensemble, les religieux (prêtres et laïcs) ont connu une diminution de 11,1% et les religieuses une diminution de 17%. Si l'on considère tout le groupe des religieux et religieuses, c'est une diminution de 15, 9%.

Presqu'à la même période, soit de 1975 à 2004, les statistiques des religieux et religieuses au Canada se présentent comme suit : en 1975 les congrégations cléricales comptaient 7.824 membres, en 2004 il n'en restait que 2.941, soit une diminution de 62,5% ; les religieux laïcs passaient de 3.228 en 1975 à 1.120 en 2004, soit une diminution de 65,4% ; les religieuses quant à elles étaient passées de 44.127, en 1975 à 18.410 en 2004, une diminution de 58,3%. Dans l'ensemble, les congrégations de religieux et religieuses au Canada avaient enregistré une baisse de 59,3% pour cette même, période allant de 1977 à 2004.[33]

Dans cette chute, les États-Unis ne font pas exception. Ainsi par exemple, en 1965, 30559 jeunes étudiaient pour devenir prêtres jésuites. En 2000, ce chiffre tombait à 389 (une diminution de 98,7%). Plus désastreuse encore est la situation chez les autres religieux : en 1965, il y avait 912 novices chez les Frères ; et en 2000, il n'en restait plus que 7 (une diminution de 99,2%). Et chez les Franciscains, le nombre avait chuté de 3379 en 1965 à 84 en 2000 (une diminution de 97,5%). Quant aux religieuses américaines, elles étaient 180.000 en 1965 ; et en 2002 ce nombre est tombé à 75000 (une diminution de 58,3%)[34]. La dynamique des chiffres varie selon les régions du monde. Alors que l'Occident faisait face une forte chute du nombre de ses religieux et de ses religieuses, les pays du Sud connaissent un essor de leurs effectifs. Devant ces chiffres pour la vie consacrée, on a l'impression qu'une porte se fermait et une autre s'ouvrait. Nous avons vu que sur la période de 1977 à 2005, la croissance du nombre des religieux était de 60,4% en Asie et de 46,1% en Afrique. C'est cela que j'ai appelé plus haut les communautés émergentes.

Si nous faisons foi aux statistiques récentes des religieux et religieuses à travers le monde, il se dégage une constante que l'on ne saurait ni nier ni minimiser : le nombre des religieux et

---

[33] Conférence religieuse canadienne, les statistiques 2009– 2010.

[34] « Statistiques du déclin du catholicisme aux États-Unis », in Documentation Information Catholique Internationale, 04 août 2009.

religieuses est en chute libre en Occident. D'année en année, les effectifs ne font que diminuer. Alors que le nombre de religieux et religieuses baisse en Occident, pendant la même période de temps, il est en pleine croissance en Afrique, en Asie et en Amérique Latine.

Il faut souligner également que cette diminution des religieux et religieuses en Occident a commencé bien avant les années 1970. Comme mentionné plus haut, la vie religieuse préfigure générale- ment les grands tournants de l'histoire de l'Église qui, à son tour pré- figure la vie de la société. Ainsi, la diminution de l'effectif des religieux en Occident et sa croissance dans les pays du Sud reflétait la situation de l'Église universelle.

2.2. Le nouveau visage de l'Église

La baisse constante des fidèles catholiques observée dans l'hémisphère Nord a fini par modifier le visage même de l'Église catholique, une Église revue par la force des choses, mais pas encore corrigée. Oui, l'Église catholique a désormais un nouveau visage.

En 1960, Diarmuid O'Murchu écrivait : « *66% des catholiques vivaient dans le monde occidental blanc : l'Europe, les États-Unis, le Canada, l'Australie ; 34% d'entre eux vivaient donc dans les deux tiers du monde. En 2000, quarante ans plus tard, 75% vivaient dans l'hémisphère Sud et seulement 25% d'entre eux dans la sphère occidentale blanche. À première vue, nous attribuerions ce changement à l'explosion démographique et à l'importante évangélisation missionnaire de la deuxième moitié du XXème siècle. Mais s'agit-il là de la véritable explication ? »*[35] Le Bureau central des statistiques de l'Église au Vatican complète ces données en affirmant que les fidèles catholiques en Europe étaient passés de 40,5% en 1978 à 39,5% en 2004. A contrario, sur le continent africain la proportion des catholiques était passée de 12% en 1978 à 17% en 2004.[36]

Ce même Bureau publiait, à l'occasion de la sortie du nouvel annuaire pontifical, une synthèse des données statistiques des baptisés et du clergé catholiques dans le monde. L'annuaire pontifical 2010 révélait que le nombre des baptisés dans l'Église catholique était passé de 1147 à 1166 millions, soit une évolution positive de 1,7%. Cette croissance était significative en Afrique (+1,83 %) et sur le continent américain (+1,57 %). Toutefois, l'Océanie avait connu une chute de 3%. L'Asie et l'Europe étaient tout simplement en dessous de la moyenne mondiale, +1,09% pour l'Asie et 0,7% pour le vieux continent.[37]

Ces données démographiques peuvent sembler très troublantes pour un esprit, qui ne sait pas lire les signes des

---

[35] O'MURCHU Diarmuid, *La vie religieuse revue et corrigée*, p. 87

[36] « Statistiques de l'Église catholique dans le monde », in Documentation Information Catholique Internationale, 04 août 2009.

[37] http://www.libertepolitique.com, « Progression du nombre des catholiques dans le monde »

temps. La vérité c'est que les temps ont changé. On ne peut plus vivre en ignorant cette donnée importante qui déterminera l'avenir même du catholicisme. Et pour reprendre les propos de Mgr Rembert Weakland :

« *Bien des gens en Occident ne se sont pas encore faits à l'idée que le centre du catholicisme se transforme maintenant en Asie et dans le Tiers Monde, que l'Église de demain ne sera pas dominée par les pays occidentaux, mais qu'elle sera une coalition, un mélange de plusieurs nations et cultures majoritairement non blanches.* »[38] Cette affirmation de Mgr Rembert Weakland à propos de l'Église est la résultante d'une lecture visionnaire et courageuse des signes des temps. Il n'y a aucun mal à reconnaître et à accueillir un changement si évident. C'est ce changement que j'appelle « le nouveau visage de l'Église catholique. »

O'murchu a des mots appropriés pour décrire ce nouveau visage quand il écrit : « *Un nouveau catholicisme est subtilement et vigoureusement en train de prendre forme. Son éventuel avènement à la maturité pourrait révolutionner l'Église catholique comme rien d'autre ne le saurait. Les réformes de Vatican II en paraîtraient modestes et insignifiantes.* »[39]

---

[38] Cité par O'MURCHU Diarmuid, *La vie religieuse revue et corrigé*, p.85
[39] O'MURCHU Diarmuid, *La vie religieuse revue et corrigé*, p.87

Troisième chapitre

Le Nord ferme, le Sud recrute

Dans ce troisième chapitre, je cherche à comprendre deux choses: la réaction de l'Église en Occident, face à la diminution de ses membres d'une part ; et d'autre part, la structure organisationnelle des églises du Sud, face à la montée toujours croissante de leurs effectifs.

La situation que traverse actuellement l'Église catholique dans l'hémisphère Nord et Sud me fait penser à l'arrivée de Jean Paul II sur le siège de Pierre, à Rome. «*N'ayez pas peur*!» Tels furent les mots avec lesquels il inaugura son ministère pontifical. En effet, des peurs, il pouvait y en avoir. Peur d'abord d'un pape venu d'un pays lointain.[40] S'insérant dans un monde en mutations dont je parle, Jean Paul II brisait une longue tradition. Il fut en effet le premier pape non italien depuis 1522. Cet étranger pouvait susciter un sentiment de peur. Peur ensuite du fait qu'il venait d'un pays communiste, sa Pologne natale. Peur enfin à cause de son âge. Pour une certaine opinion, il était relativement assez jeune pour être pape, il n'avait que 58 ans. C'est dans tout ce '*back- ground*' qu'il fallait situer et comprendre son invitation à ne pas avoir

---

[40] Lire son livre *Mémoire et identité, conversation à l'aube du troisième millénaire*, Flammarion, 2005.

peur, mais à ouvrir toutes grandes les portes au Christ.

La baisse démographique continuelle de la population catholique dans l'hémisphère Nord et la croissance numérique des églises au Sud peuvent également faire peur. Pourtant, il n'y a vraiment rien qui soit nouveau. L'univers biblique lui-même a dû faire face à une situation semblable. Au début de la proclamation de la Bonne Nouvelle à la communauté chrétienne naissante, Paul et Barnabé se virent contraints de changer la cible géographique de leur enseignement. Le livre des Actes des Apôtres rapporte que: « **S'enhardissant alors, Paul et Barnabé déclarèrent: C'était à vous d'abord qu'il fallait annoncer la parole de Dieu. Puisque vous la repoussez et ne vous jugez pas dignes de la vie éternelle, eh bien ! nous nous tournons vers les païens. Car ainsi nous l'a ordonné le Seigneur : Je t'ai établi lumière des nations, pour que tu portes le salut jusqu'aux extrémités de la terre. »**[41] Parce que les Juifs se fermaient au message de salut que Paul et Barnabé leur annonçaient, ceux-ci se tournèrent vers les païens qu'ils recrutèrent en grand nombre et chez qui ils fondèrent plusieurs communautés chrétiennes.[42] Ce n'est pas pour rien que le titre d'apôtre des païens revient à Paul.

---

[41] Ac. 13, 46-47.

[42] L'expansion rapide du christianisme pendant les trois premiers siècles a été une donnée tout simplement extraordinaire. Paul a bien sûr connu le monde juif. Mais il est aussi entré en contact avec les deux autres cercles culturels de l'époque : le monde hellénistique et le monde romain. L'histoire ne se répète certainement pas. Mais qu'aujourd'hui le 'Nord' ferme et que le 'Sud' recrute n'a rien de radicalement nouveau pour qui jette un regard attentif sur l'histoire de l'Église.

Et dans l'évangile de Matthieu, c'est Jésus lui-même qui donne cet ordre : « **Allez donc, de toutes les nations faites des disciples, les baptisant au nom du Père et du Fils et du Saint Esprit, et leur apprenant à observer tout ce que je vous ai prescrit. Et voici que je suis avec vous toujours jusqu'à la fin du monde.** »[43]

Quel qu'en soit le lieu, la Bonne Nouvelle du salut sera toujours proclamée. Si certains la repoussent, d'autres l'accepteront. Jésus-Christ lui-même en a averti ses disciples: « **En quelque maison que vous entriez, demeurez-y, et partez de là. Quant à ceux qui ne vous accueilleront pas, sortez de cette ville et secouez la poussière de vos pieds, en témoignage contre eux.** »[44]

La situation démographique de l'Église catholique actuelle n'est donc pas un fait nouveau ou étrange pour qui sait lire les signes des temps. Et d'ailleurs, loin d'être de simples signes des temps, le monde d'aujourd'hui vit un véritable temps des signes. De nos jours, le temps est aux signes, même au sein de l'Église catholique. Reste à savoir si l'on en tirera les conséquences qui s'imposent.

De plus, je cherche à comprendre comment l'Église occidentale gère la baisse de ses effectifs ? Ici également, je procéderai à partir du point de vue de la vie religieuse

---

[43] Mt. 28, 19-20.
[44] Lc. 9, 4-5.

puisqu'elle semble souvent donner le ton.

Quelques répercussions de la diminution des religieux en Occident.

Sachant que la vie religieuse a façonné et structuré le monde occidental, la question de la diminution du nombre des religieux et religieuses se pose puisque la vie religieuse a eu et aura encore des effets notables dans cette société. Je me limite ici à ce qui me paraît être l'essentiel.

Face à la disproportion simultanée entre le nombre diminuant des religieux et des religieuses et de leurs œuvres, les congrégations religieuses occidentales n'avaient pas eu plusieurs choix à opérer. Un de ces choix a été et continue d'être ce que j'appelle le processus de fermeture, car la fermeture des couvents et monastères est devenue un vrai processus en occident. Ce processus relativement nouveau est à l'opposé du mouvement qui a vu religieux et religieuses sortir de leurs couvents pour faire rayonner leurs charismes à travers plusieurs œuvres de charité : notamment les écoles, les hôpitaux, les orphelinats, l'aide aux pauvres et aux marginalisés etc. Devant la diminution de leurs effectifs, ces congrégations commencèrent donc à prendre le chemin inverse: se retirer de leurs œuvres. Leurs membres commencèrent à se retirer progressivement des structures qu'ils avaient eux-mêmes créées car, en effet, elles exigeaient désormais un personnel important et actif. Or, le nombre de ce personnel allant quantitativement et significativement en chute libre, la première démarche fut donc d'abandonner les œuvres pour renforcer les couvents et monastères.

Mais selon un vieil adage, « *se replier sur soi c'est signer son acte de mort.* » Effectivement se replier sur soi est un procédé dangereux qui ne peut pas durer longtemps. Tout au moins, il peut servir de transition. Dans le cas présent, il semble s'agir non pas d'une transition mais d'une situation qui s'installe et peut-être pour longtemps encore. Comme par ironie du sort, plus les religieux et religieuses se repliaient dans leurs couvents pour les renforcer leur vitalité, plus ces couvents se vidaient, faute des membres. Et donc il fallait trouver de nouvelles voies de solutions. C'est alors que commença un vaste mouvement de fermeture des couvents. Le peu de couvents résistant au tsunami continuaient à se dépeupler. D'où pose la question désormais inévitable et vitale: pour quel avenir ?

Fermer les couvents n'apporta finalement pas de solution durable à la crise. Pourtant, le cycle de fermeture lui se poursuivit et à un rythme accéléré et désespérant. Tout cela eut une conséquence fatale sur la vie ou mieux encore la survie des provinces religieuses en Occident.

La vie d'une province religieuse nécessite un certain nombre de membres, et un certain nombre de maisons religieuses. Or, comme le nombre de membres et de maisons ne faisait que diminuer, comme c'est le cas ces dernières années, du coup, beaucoup de provinces religieuses en

Occident, se trouvèrent devant l'obligation de fermer à leur tour, parce que simplement devenues des entités non viables. Là où elles ne fermaient pas, elles furent contraintes de fusionner pour en créer une qui soit de taille religieusement acceptable. Mais pour combien de temps encore ? C'est malheureusement le destin de plusieurs provinces religieuses du Nord.

Pour illustrer mon propos, je prends l'exemple des Franciscains OFM (Ordre des Frères Mineurs) en Belgique et en France. Jusqu'à peu d'années encore, la France comptait cinq provinces franciscaines: la province saint Pierre (Paris), la province saint Pascal Baylon (Strasbourg), la province saint Denis (Rennes), la province saint Bernardin (Lyon) et la province saint Louis d'Anjou (Toulouse). Au- jourd'hui, les franciscains ne forment qu'une unique province, la province de France et de la Belgique francophone. Quel changement en seulement quelques décennies ? Il n'est pas exclu que dans un prochain avenir, cette nouvelle cartographie subisse de nouvelles modifications qui modifieront sensiblement la physionomie du franciscanisme en France.

La Belgique en est un autre exemple. Ce pays comptait deux provinces franciscaines, celle du nord : la province saint-Joseph (Flandre) et celle du sud : la province Marie Médiatrice (Wallonie). Les deux provinces ont tout simplement disparu, si bien qu'actuellement, la Belgique ne compte aucune province franciscaine. L'ancienne province du sud a fusionné avec les provinces françaises, et celle du nord a été rattachée à la Hollande.

Jetant un regard sur la vie de sa province, le frère Jean De Schampheleer constait ce qui suit : « *Le regard sur notre passé franciscain en Belgique et plus particulièrement en Wallonie révèle les aspects propres à tout groupe humain : naissance, croissance et décadence se succèdent à travers les siècles. Si l'on considère plus particulièrement les soixante dernières années de notre présence en Wallonie, on constate une volonté opiniâtre de vivre et une croissance réelle jusqu'en 1960 (...) Les vingt dernières années sont davantage marquées par une recherche de vie franciscaine authentique.*»[45]

En réalité, beaucoup d'autres congrégations religieuses occidentales (masculines et féminines) partagent avec les Franciscains, la même expérience, les mêmes réalités : diminution des membres, fermeture des couvents, fusion des provinces ; bref, un avenir de plus en plus incertain, qui ressemble de quelque manière aux brumes automnales ou à un printemps ombrageux.

La vie religieuse en occident, voilà un sujet qui fait parler de lui depuis quelques années déjà. Toujours en tant qu'éclaireuse, la vie religieuse a devancé la situation globale de l'Église occidentale qui lui emboîta les pas.

---

[45] *Province franciscaine de Marie-Médiatrice en Belgique* 1932-1982, (s.é.), (s.d.), p. 25.

3.1. *Églises à vendre, églises à recycler*

Une des nouvelles réalités à laquelle l'Église catholique en Europe et en Amérique du Nord doit faire face, c'est la désaffectation ou la vente des édifices destinés au culte. Il y a peu d'années encore, il était impensable de lire des annonces du genre : « église à vendre. » De nos jours, plus personne ne s'en étonne. Sans vouloir exagérer, on dirait qu'il ne se passe pas plus de trois mois sans qu'on ne parle quelque part en Occident de la vente ou de la fermeture d'une ou de plusieurs églises.[46]

Entre 2005 et 2010 par exemple, 62 églises avaient été vendues à Montréal seulement, au Canada.[47]

Ces édifices mis en vente, sont généralement recyclés ou affectés à d'autres fins. Il n'est plus rare, de voir d'anciennes églises et d'anciens presbytères convertis en lieux touristiques, en restaurants, en résidences privées, en centres communautaires, en bibliothèques, ou simplement devenir des immeubles résidentiels ; commençant ainsi une seconde existence, une vie nouvelle, totalement différente d'un lieu sacré de culte.

---

[46] Luc Noppen a consacré une abondante littérature sur la fermeture des églises au Québec, (Canada). Lire à ce propos Noppen, Luc et Morisset Lucie K, *Églises du Québec, un patrimoine à réinventer,* Presse universitaire du Québec, 2005

[47] Lire les articles : « Le patrimoine religieux change de main », « Patrimoine religieux à vendre » sur le site web http://fr.canoe.ca/infos/quebeccanada/ ar- chives

L'organe de communication de la Fraternité sacerdotale Saint Pie X, DICI (Documentation Information Catholique Internationale) affirme, dans un article publié le 04 août 2009, sous le titre : « *Canada : Des églises à vendre au Québec* », que cette situation n'est pas observée au Canada seulement car, « *Aux Pays-Bas aussi, selon la presse néerlandaise, de moins en moins d'églises sont utilisées pour la célébration de la messe. Durant les dix dernières années, 623 églises ont été fermées ou transformées à d'autres fins. Elles abritent notamment des musées et des bibliothèques, ou elles sont transformées en appartements. D'autres demeurent vides et sont laissées à l'abandon. La commission œcuménique pour les bâtiments ecclésiaux craint qu'en 2010, un quart des 1800 églises catholiques recensées dans le pays ne disparaisse* »[48]. Nous y sommes presque.

Très récemment au Canada, dans la province de Québec, plu- sieurs fidèles ont manifesté contre la fermeture de l'église Saint Grégoire de Montmorency.[49] Le même mouvement a été observé il y a quelques années dans le diocèse de Timmins et récemment encore dans le diocèse de Sault-Sainte-Marie,

---

[48] Lire l'article : « Canada : Des églises à vendre au Québec », in Documentation Information Catholique Internationale, 04 août 2009.

[49] Lire les articles : « Québec : Des fidèles manifestent contre la fermeture d'une église », in Documentation Information Catholique Internationale, 13 août 2011. Lire également les articles suivants : « Québec : La sécularisation continue », in Documentation Information Catholique Internationale, 05 juin 2010 ; « Québec : L'église Sainte-Madeleine de Trois-Rivières pourrait être ven- due », in Documentation Information Catholique Internationale, 16 juillet 2011.

au nord de la province d'Ontario, au Canada. Je sais par ailleurs que la situation n'est guère différente dans tout l'Occident.

Si le nombre de fidèles catholiques pratiquants continue de diminuer, et si la tendance de fermer des églises se maintient, comme l'indiquent tous les sondages, il faudra alors très bientôt s'attendre à la fermeture ou à la fusion de bon nombre de diocèses en Europe, en Amérique du Nord et en Australie.

In contrario, la situation se passe tout autrement dans le reste du monde, particulièrement en Afrique. Encore et d'abord : la situation de la vie religieuse.

3.2. Quelques répercussions de l'augmentation des religieux au Sud

C'est très tardivement que les congrégations missionnaires ont commencé à former des religieux et religieuses autochtones en Afrique, en Amérique latine et en Asie. La priorité était de former avant tout un clergé autochtone. Cela était logique et compréhensible, dans une certaine mesure. C'était même une bonne chose. Car en règle générale, l'implantation de l'Église dans une région, doit précéder celle des congrégations religieuses ; pourvu, bien sûr que les deux ne se changent pas des pelles pour creuser un même trou.

Pourtant, malgré ce retard à former des religieux et religieuses dans les pays du Tiers du Monde, la vie religieuse y a pris racine et connaît une croissance remarquable. En 2005, l'Assemblée Constituante de la Confédération des Conférences des Supérieur(e)s Majeur(e)s d'Afrique et de Madagascar (COSMAM) faisait l'observation suivante : « *La situation de la vie consacrée est actuellement une source de joie. En moins d'un demi-siècle elle a pris racine sous multiples formes sur le continent et à Madagascar. Les vocations religieuses sont en forte croissance un peu partout dans les Églises. Les congrégations féminines font la fierté des diocèses. La vie consacrée joue un rôle dynamique irremplaçable sur tous les terrains et dans tous les secteurs de la vie de l'Église et de la société.* »[50] Toujours à propos de la vie religieuse en Afrique, la révérende sœur Marie-Claude Soba (o.c.p.s.p.) écrit : « *La naissance de tout un Institut en terre africaine est une très grande grâce pour ce continent parce que dès le début, ces Instituts révèlent les bouleversements profonds et le rayonnement inattendu de ces vocations religieuses écloses hors de tout contexte, dans la nouveauté du radicalisme évangélique des premiers temps de l'Église.*[51]

L'augmentation du nombre des religieux en Afrique a donné un nouvel élan au christianisme en général et au catholicisme

---

[50] Compte rendu de l'Assemblée Générale de la COSMAM, sur le thème : « La vie consacrée en Afrique aujourd'hui. 'Qu'ils aient la vie et qu'ils l'aient en abondance' (Jn. 10, 10), du 3 au 8 mai 2005, à Cotonou (Bénin).

[51] SOBA Marie-Claude (o.c.p.s.p.), « La vie consacrée en Afrique : chemins parcourus, atouts, avancées, faiblesses, les défis d'aujourd'hui » sur le site web officiel de la COSMAM.

en particulier. A ce propos également, Pierre Ndoumaï écrit :
« *En effet, malgré les circonstances anormales de l'évangélisation de l'Afrique, le christianisme s'y est implanté de façon miraculeuse et y progresse au point où tout observateur averti ne peut que reconnaître que l'avenir de l'Église est en Afrique. Pendant que l'Occident vit sa déchristianisation à une vitesse vertigineuse, le christianisme progresse en Afrique malgré tous les freins qui auraient pu empêcher sa progression.* »[52]

L'exemple le plus frappant est celui des Sœurs Missionnaires de Notre-Dame d'Afrique, communément appelées Sœurs Blanches. En Afrique seulement, tout au long du vingtième siècle, elles ont offert leur collaboration à la création de 22 nouvelles congrégations féminines.[53]

Plus le nombre de consacrés augmente, plus il faut créer de nouvelles maisons religieuses afin de les y accueillir. Et plus les maisons religieuses augmentent et se diversifient sur plusieurs territoires, plus il faut créer de nouvelles provinces. La naissance de nouvelles provinces religieuses est un vrai phénomène en Afrique, en Amérique centrale et du Sud et même en Asie.

En République Démocratique du Congo par exemple, les statistiques de 1992 indiquent que le nombre des religieux

---

[52] NDOUMAÏ Pierre, *On ne naît pas noir, on le devient,* p. 180.
[53] LE GAL Suzanne, « Congrégations africaines et Sœurs Missionnaires de Notre-Dame d'Afrique », article publié sur le site officiel des Sœurs Missionnaires de Notre-Dame d'Afrique.

atteignait 3.051 dont 1.419 autochtones et 1.632 expatriés, répartis entre 73 congrégations ou provinces.[54] Dix-sept ans plus tard, c'est-à-dire en 2009, le nombre total des religieux était de 3639 dont - remarquez le changement - 2811 Congolais et 828 expatriés.[55] Ces statistiques montrent qu'entre 1992 et 2009, le nombre total des religieux au Congo avait progressé de 16,16%. Mais en réalité, ce sont les religieux autochtones (congolais) qui avaient connu une croissance de 49,52% alors que les expatriés avaient diminué de 49,27%.

Quant aux religieuses du Congo, les statistiques indiquent qu'en 2009, elles étaient 7.207 dont 6315 Congolaises (soit 87,62%).[56]

Il est bien entendu qu'à ce jour, la situation a encore beaucoup changé. Les missionnaires expatriés demeurent aujourd'hui en très petit nombre au Congo, cela suite au retour dans leur pays d'origine ou suite à leur décès. Les religieux et religieuses autochtones forment désormais le gros des troupes.

---

54 Assemblée des Supérieurs Majeurs, *Religieux et religieuses en République du Zaïre*, Secrétariat Général de l'ASUMA, Kinshasa I, 1992, p.98, Tableau 1.

55 Assemblée des Supérieurs Majeurs, *Les Consacrés en République Démocratique du Congo. Annuaire 2010*, Secrétariat Général de l'ASUMA, Kinshasa I, pp. 207-212.

56 Union des Supérieures Majeures en République Démocratique du Congo, *Religieuses de la République Démocratique du Congo 2009*, Secrétariat Général de l'USUMA, Kinshasa, 2009, p. 226

Cette situation me fait penser à Eboussi Boulaga. Quand, en 1974, dans son article « *La démission* »[57], il suggérait de planifier, le retour progressif des missionnaires étrangers du continent noir, une certaine opinion l'avait traité tout simplement de fou et d'homme irréaliste. Ce qu'il suggérait est aujourd'hui un fait. Le départ d'Afrique des missionnaires étrangers s'est imposé de lui-même et par lui-même. Du jour au lendemain, l'Afrique s'est vue, pour une raison ou une autre, dépouillée de ses missionnaires expatriés.

La quasi-totalité des congrégations religieuses du Sud partagent, elles aussi une expérience semblable: augmentation des vocations, création de nouvelles maisons religieuses, et finalement, création de nouvelles provinces religieuses. À certains endroits, on doit limiter systématiquement le nombre de candidats à la vie religieuse.

3.3. Vers une nouvelle église ?

Face à l'augmentation du nombre de religieux (religieuses) et de la population chrétienne, l'Église catholique dans l'hémisphère Sud, voit son visage se transformer progressivement et contraster avec l'Église-sœur d'Europe, d'Amérique du Nord et d'Australie.

Les statistiques démontrent qu'entre 2002 et 2003, la

---

[57] EBOUSSI BOULAGA, F., « La démission », in Spiritus numéro 56 (Paris), 1974, 276-287.

population catholique a connu une faible évolution positive. L'Afrique enregistre l'indice de croissance le plus élevé, soit 4,5%[58], suivie de 2,2% pour l'Asie, de 1,3% pour l'Océanie et de 1,2% pour l'Amérique; - l'Europe ne connaissant pas de grande fluctuation en la matière.[59]

Le père Gérard Chabanon, alors Supérieur Général des Missionnaires d'Afrique (pères blancs) commentait cette progression des catholiques africains. Lors d'un entretien avec Mark Riedemann, et à la question **« Le nombre de catholiques africains a augmenté de 6-7%, à quoi attribuez-vous cette hausse ? »**. Il avait répondu : *« Il y a différentes raisons. L'éducation est sans doute la plus évidente. Les premiers missionnaires ont très rapidement créé des écoles dans lesquelles était enseignée la foi catholique. Par ailleurs, ils ont aussi joué un rôle social, dans les secteurs de la santé, de l'éducation, du développement de l'agriculture et beaucoup d'autres projets. Cela a, bien entendu, aidé les Africains (...). D'ici à 2050, trois pays d'Afrique vont faire partie des dix plus grands pays catholiques du monde, le Congo, l'Ouganda et le Niger. L'Eglise catholique a-t-elle fait attention à cette montée du catholicisme en Afrique ? »*[60]

---

[58] Selon le site Zenit : « Le nombre de catholiques africains est en constante progression : ils étaient 2 millions en 1900, ils sont désormais 140 millions depuis l'an 2000 », Rome, lundi 12 décembre 2011, www.zenit.org. A lire absolument, le livre de SEVERINO Jean-Michel et RAY Olivier, *Le temps de l'Afrique,* Odile Jacob, Paris, 2010.

[59] Lire l'article déjà cité : « Statistiques de l'Église catholique dans le monde... »

[60] Rome, lundi 12 décembre 2011, www.zenit.org

L'édition 2011 de l'annuaire pontifical, présenté au pape Benoît XVI, le 19 février 2011, montrait une augmentation de 1,3% des catholiques entre 2008 et 2009.[61] Comme par les années précédentes, cette croissance est significative en Afrique, en Amérique Centrale et du Sud, ainsi qu'en Asie. Mais la chute continuait en Europe, en Amérique du Nord et en Océanie. Contrairement au Nord qui ferme ses églises, les pays du Sud vivent le défi d'en bâtir. Cette question préoccupe bon nombre d'évêques du Sud. Dernièrement, en juillet 2011, des observateurs canadiens en visite à la paroisse universitaire de Lubumbashi, dans la province du Katanga, en République Démocratique du Congo, étaient étonnés de constater que lors d'une rencontre de prière, l'église de la paroisse universitaire était tellement bondée que la moitié des étudiants suivaient la séance de prière à l'extérieur de l'église. Le curé de cette paroisse avait fait remarquer que la situation est plus difficile encore lors des célébrations eucharistiques dominicales puisque le nombre des pratiquants ne cesse d'augmenter. Voilà un exemple qui illustre très bien, en fait, le contraste entre le Nord qui ferme et le Sud qui recrute.

Dans certains endroits en Afrique et en Amérique latine, les messes sont tout simplement célébrées en plein air, faute d'édifices. Voilà la situation et le défi des églises du Sud. Elles sont complète- ment débordées !

---

[61] Annuario Pontificion 2011, Città del Vaticano, 2011.

De plus, avec la création de nouvelles paroisses un peu partout, il faut s'attendre encore à la création de nouveaux diocèses. L'Annuaire pontifical 2011 mentionne qu'au cours de cette année-là, le Saint Père avait érigé dix nouveaux sièges épiscopaux. À l'allure où progressent et croissent les églises émergentes du Sud, dans quelques années, ce chiffre devra certainement être revu à la hausse. Est-ce là le début d'une nouvelle Église, typiquement issue du Sud ?

Diarmuid O'Murchu, nous porte à réfléchir en affirmant :

« *la communauté catholique émergente est majoritairement noire, non caucasienne, pauvre, en voie de définir et d'adopter une vision chré-tienne notablement différente de celle de l'impérialisme occidental blanc et du catholicisme 'romanocentrique'. Cela signifie aussi que le catholicisme occidental décline sérieusement et qu'il a pour l'essentiel perdu son importance comme catalyseur culturel (…) La vitalité du catholicisme d'aujourd'hui et la promesse d'un avenir plus créateur pour cette foi sont entre les mains des gens du monde dit des Deux Tiers. Ce changement paradigmatique, nul n'a eu l'intention de le déclencher. Il est l'œuvre de Dieu et obéit à une logique qui défie nos cadres conceptuels rationnels et ébranle très sérieusement le monopole du catholicisme romain d'inspiration occidental. La direction de l'Église catholique sera-t-elle à la hauteur du défi ?* »[62]

---

[62] O'MURCHU Diarmuid, *La vie religieuse*, p.88

Mais ce défi n'est pas seulement imputable à l'Occident, et à la direction de l'Église catholique. Il faut le voir également et surtout du côté des églises émergentes elles-mêmes.

Il est certes vrai que l'Église du Nord, longtemps considérée comme «l'Église-mère», tout comme les 'maisons-mères' des congrégations religieuses, entretiennent encore des rapports très déséquilibrés avec le Sud. Parlant de l'Église d'Afrique, par exemple, Pierre Ndoumaï affirme : « *la réalité quotidienne de l'Église en Afrique démontre que le rapport paternaliste est loin d'être révolu. Les finances représentent l'un des domaines exploités par l'Occident dans l'Église en Afrique. Étant pauvres, les Églises en Afrique sont loin d'assurer leur autosuffisance économique. Pour pallier à ce manque, il faut tendre les mains à l'Église dite mère. Fidèle à l'adage qui dit 'qui paie commande', le respect scrupuleux des conditions qui accompagnent l'aide devient la condition sine qua non d'octroi d'éventuelle aide dans l'avenir.* »[63]

Comme le dit également Jean-Marc Ela : « *Aujourd'hui encore, les jeunes chrétientés restent soumises, après cent ans d'évangélisation, à la tutelle culturelle des Églises-mères.*»[64] À cause de cette tutelle et de leur dépendance vis-à-vis de l'Occident, les églises et les congrégations religieuses du Sud se comportent comme de bons petits élèves de l'Occident, à qui on enseigne tout : que dire et comment le dire,

---

[63] NDOUMAÏ Pierre, *On ne naît pas noir, on le devient*, p. 121.
[64] ELA Jean-Marc, *Ma foi d'Africain*, Karthala, Paris, 1985, p. 13.

que faire et comment le faire. Au Sud, on n'en est encore là !

Le défi pour ces églises du Sud, c'est finalement de sortir du carcan dans lequel elles sont enfermées, pour advenir des sujets responsables. Advenir comme une Église capable de prendre en main son destin, pour assumer et assurer la mission qu'aujourd'hui, Dieu lui confie.

Cette démarche est urgente d'autant plus que le centre de gravité est en train de basculer, littéralement, vers la zone au Sud de l'hémisphère. Or, dans la majorité des cas, ces églises émergentes, ainsi que leur direction, se considèrent toujours comme des subalternes qui doivent tout recevoir du 'maître' occidental, alors que justement, le fusil est en train de changer d'épaule.

Dans l'hémisphère Sud, est-on conscient de tous ces changements? Et si cette transformation est l'œuvre de Dieu, comme l'affirme Diarmuid O'Murchu, les églises du Sud, leurs dirigeants et tous les fidèles chrétiens sont-ils conscients du nouveau rôle, de la mission que Dieu leur confie pour son Église ? À un moment donné dans l'histoire de l'Église, ce rôle et cette mission avaient été confiés à l'Église en Occident. Tout le monde l'avait accepté. Aujourd'hui, ce n'est plus le cas. Nous devons également l'accepter. Comme le fit l'Occident, les églises du Sud sont dans l'obligation d'assumer leur part de la mission universelle.

Les églises émergentes sauront-elles relever ce défi de confiance que Dieu leur lance ? Ou au contraire, assisteronsnous à la perpétuation d'un modèle qui git sous les cendres ?

Si vraiment, cette nouvelle vision d'Église vient de Dieu, c'est-à- dire que Dieu fait confiance aux églises du Sud, il ne sera donc pas nécessaire de se sentir obligé d'aller chercher, quelque part, une autorisation pour agir et pour mettre en place cette vision d'Église qui échappe à tout calcul humain. À l'image des apôtres, inventifs, les églises du Sud créeront-elles leur propre modèle ?

Un jour, un provincial européen m'avait demandé si j'étais convaincu de la nécessité d'envoyer des prêtres missionnaires africains pour évangéliser l'Europe. Je me souviens lui avoir répondu que si eux, dans le passé, avaient envoyé des missionnaires européens pour évangéliser l'Afrique, il n'y aurait aucune contradiction qu'à leur tour les Africains viennent évangéliser l'Occident. Le refuser, c'est continuer à s'inscrire dans la fausse logique de dominants – dominés, maîtres – esclaves. Cette logique ne tient plus la route de nos jours. Les faits le démontrent.

Le voyage apostolique de Benoît XVI au Bénin, du 18 au 20 novembre 2011 était un événement historique. En effet, c'est au cours de ce voyage que le pape a signé et donné son « *Exhortation apostolique post-synodale Africae munus* »[65]

---

[65] Ce document d'une extrême importance devrait constituer un nouveau cadre de réflexion et d'action dans les rapports entre l'Église d'Afrique et l'Église universelle. 'Africae Munus' ouvre un chemin radicalement nouveau. Il faut repartir de ce document car, pour une fois, le discours officiel de l'Église catholique a changé, et notablement. L'Afrique n'est plus le continent des malheurs, le continent qui suscite

En plus de cette Exhortation Apostolique, le pape a prononcé des discours de grande portée théologique, pastorale et citoyenne. S'adressant, par exemple aux pouvoirs constitués du Bénin, le 19 no- vembre 2011, au palais présidentiel de Cotonou, le pape affirme :

« *Souvent, dans mes interventions antérieures, j'ai uni au mot Afrique celui d'espérance. Je l'ai fait à Luanda voici deux ans et déjà dans un contexte synodal. Le mot espérance figure d'ailleurs plusieurs fois dans l'Exhortation apostolique post-synodale Africae munus que je vais signer tout à l'heure. Lorsque je dis que l'Afrique est le continent de l'espérance, je ne fais pas de la rhétorique facile, mais j'exprime tout simplement une conviction personnelle, qui est également*

---

la pitié, avec ses images négatives, un continent toujours prêt à obéir. L'Afrique devient un **partenaire** crédible avec qui et sur qui toute l'Église peut désormais compter. Le continent noir devient, selon les propres mots de Benoît XVI : « *le continent de l'espérance* ». Le pape continue en disant : « *parler de l'espérance, c'est parler de l'avenir, et donc parler de Dieu* ». Ces paroles raisonnent comme un véritable coup de tonnerre dans le ciel catholique. Donc, l'Afrique peut et doit désormais parler de l'avenir de l'Église. Elle doit parler de Dieu, à tous les peuples de la terre. Voilà une parole d'espérance. Il ne faut pas un mandat spécial pour cela. Le seul mandat qui confère à l'Afrique le pouvoir d'agir, c'est l'espérance que Dieu lui confie. Le moment tant attendu est enfin arrivé. Comme le dit encore Benoît XVI en terminant sa visite au Bénin : « Aie confiance, Afrique, et lève-toi ! Le Seigneur t'appelle. » Se lever, se mettre debout, voilà un autre défi pour l'Afrique. Le pape ne dit pas à l'Afrique: 'laisse-toi, qu'on te mette debout.' Se lever a une grande portée théologique. La position debout traduit la situation d'un homme, d'une femme capable de relever la tête et de marcher. C'est la position de liberté, d'engagement, de leadership ; bref, c'est la position de la vie. L'Église d'Afrique (prêtres, religieux, religieuses et **laïcs)** saura-t-elle, enfin et définitivement, se lever et marcher ? Saura-t-elle, cette Église, passer de son statut d'assistée au statut que lui souhaite Benoît XVI, celui d'une Église qui doit « aller vers tous », c'est-à-dire une Église libre, c'est-à-dire encore, une Église qui prend en main son leadership pour montrer aux autres le chemin à suivre, le chemin qui mène à Dieu ?

celle de l'Église. Trop souvent, notre esprit s'arrête à des préjugés ou à des images qui donnent de la réalité africaine une vision négative, issue d'une analyse chagrine. Il est toujours tentant de ne souligner que ce qui ne va pas ; mieux encore, il est facile de prendre le ton sentencieux du moralisateur ou de l'expert, qui impose ses conclusions et propose, en fin de compte, peu de solutions adaptées. Il est tout aussi tentant d'analyser les réalités africaines à la manière d'un ethnologue curieux ou comme celui qui ne voit en elles qu'un énorme réservoir énergétique, minéral, agricole et humain facilement exploitable pour des intérêts souvent peu nobles. Ce sont là des visions réductrices et irrespectueuses, qui aboutissent à une chosification peu convenable de l'Afrique et de ses habitants. J'ai conscience que les mots n'ont pas partout le même sens. Mais, celui d'espérance varie peu selon les cul- tures. Il y a quelques années déjà, j'ai consacré une Lettre encyclique à l'espérance chrétienne. Parler de l'espérance, c'est parler de l'avenir, et donc de Dieu ! »[66]

Aux évêques du Bénin, le pape a souligné : « *L'Église doit donc aller vers tous. Et je vous encourage à poursuivre vos efforts en vue d'un partage du personnel missionnaire avec les diocèses les plus démunis, que ce soit dans votre propre pays,*

---

[66] http://www.radiovaticana.org/fr1/articolo.asp?c=539362: Extrait du discours prononcé par Benoît XVI, le 19 novembre, au palais présidentiel de Cotonou, au cours de sa rencontre avec les membres du Gouvernement, les Représentants des Institutions de la République, le Corps diplomatique et les Représentants des principales religions.

dans d'autres pays d'Afrique ou sur des continents plus lointains. N'ayez pas peur de susciter des vocations missionnaires de prêtres, de religieux et de religieuses ou de laïcs ! »[67]

Un dernier défi que les églises émergentes doivent relever, c'est le défi de la peur. Il ne faut pas avoir trop peur. La peur engendre l'inaction et l'erreur. Dans ce cas, l'erreur serait de croire que la décision d'évangélisation est une décision qui vient des hommes, particulièrement de l'Occident. Évangéliser, c'est avant tout une initiative de Dieu qui veut sauver son peuple, où qu'il se trouve : en Afrique, en Europe, en Asie, en Amérique ou en Océanie.

Avant même d'être une question géographique, l'évangélisation relève premièrement de la dimension divine et spirituelle. C'est Dieu, et non pas l'Occident, qui donne cet ordre : « *Allez donc, de toutes les nations faites des disciples, les baptisant au nom du Père et du Fils et du Saint-Esprit.* »[68] C'est Dieu, non l'Occident qui veut que la Bonne Nouvelle du salut soit annoncée à toutes les nations. Refuser de l'admettre, c'est comme vouloir chercher le Vivant parmi les morts.

---

[67]http://www.vatican.va/holy_father/benedict_xvi/speeches/2011/november/documet/hf_ben-xvi_spe_20111119_vescovibenin_fr.html Extrait du discours de Benoît XVI aux évêques du Bénin, nonciature apostolique, Cotonou, 19 novembre 2011.

[68] Mt. 28, 19

Conclusion

Comme je l'ai annoncé dans l'introduction, la conclusion à ce livre est une page ouverte. C'est à chacun de l'écrire.

Si mon analyse vous a invité à réfléchir, ne fût-ce que pendant quelques secondes, alors j'ai atteint mon objectif. La réflexion doit toujours précéder l'action. Pour mener la réflexion que je viens de vous présenter, j'ai utilisé le modèle scientifiquement bien connu, élaboré et développé par Theodore Schick Jr. et Lewis Vaughn.[69] Ce modèle nous aide à penser à des *'weird things'*, des choses étranges. Vous pouvez également l'utiliser dans vos analyses et réflexions.

En anglais, il s'appelle **S-E-A-RCH** (un acronyme). Normand Baillargeon le rend en français par **EN-QU-E-TE** (un autre acronyme). En vous le proposant, je souhaite que vous puissiez vous en servir pour développer votre pensée critique.

Le modèle **ENQUETE** comprend quatre grandes étapes :

a) **És**noncer les propositions : avant d'évaluer de manière critique une situation, une proposition, ou un point de vue, il convient de l'**És**noncer le plus clairement possible, d'en formuler le contenu avec le plus de précision possible.

b) Déterminer **QU**els arguments, **QU**elles données sont mis en avant pour soutenir l'Énoncé (la proposition, la situation,

---

[69] Pour plus de précisions sur ce modèle, lire BAILLARGEON Normand, *Petit cours d'autodéfense intellectuelle*, 12ème réimpression, Québec : Luxe Éditeur. Coll. Instinct de liberté, 2006.

le point de vue). Ces arguments sont-ils valides, crédibles et fiables ? De **QU**i sont-ils ?

c) **E**nvisager d'autres hypothèses possibles. Se demander s'il n'y a pas d'autres solutions, d'autres propositions, d'autres alternatives possibles, différentes de celles avancées dans l'Énoncé.

d) **Te**ster l'hypothèse, la proposition, la situation, le point de vue selon les cinq critères d'adéquation: testabilité, fécondité, étendue, simplicité, conservatisme.

Bibliographie

Assemblée des Supérieurs Majeurs (ASUMA), *Les Consacrés en République Démocratique du Congo. Annuaire 2010*, Secrétariat Général de l'ASUMA, Kinshasa I.

Assemblée des Supérieurs Majeurs (ASUMA), *Religieux et religieuses en République du Zaïre*, Secrétariat Général de l'ASUMA, Kinshasa I, 1992.

Assemblée Générale de la COSMAM, sur le thème : « *La vie consacrée en Afrique aujourd'hui. 'Qu'ils aient la vie et qu'ils l'aient en abondance' évangélique (Jn.10, 10)* », à Cotonou (Bénin), 3-8 mai 2005.

BAILLARGEON, Normand, *Petit cours d'autodéfense intellectuelle*, 12ème réimpression, Québec : Luxe Éditeur. Coll. Instinct de liberté, 2006.

BOULAGA EBOUSSI, F., « La démission », in Spiritus, numéro 56 (Paris), 1974, 276-287.

CARBALLO, José Rodriguez (Ministre Général OFM), « Vie consacrée en Europe : engagement pour une prophétie évangélique », Communication à l'Union des Supérieurs généraux, 2010.

CITTÀ del VATICANO, *Annuario Pontificion 2011*, 2011.

CONFÉRENCE RELIGIEUSE CANADIENNE, « *Les statistiques 2009-2010* ».

DE SCHAMPHELEER Jean (ofm), *Province franciscaines de Marie-Médiatrice en Belgique, 1932-1982* », (s.é.), (s.d.).

ELA, Jean-Marc, *Ma foi d'Africain*, Karthala, Paris, 1985.

FRATERNITÉ SACERDOTALE SAINT PIE X : - « Statistiques du déclin du catholicisme aux États-Unis », in *Documentation In- formation Catholique Internationale*, 04 août 2009.

- « Statistiques de l'Église catholique dans le monde », in *Documentation Information Catholique Internationale*, 04 août 2009.

- « Canada : Des églises à vendre au Québec », in *Documentation Information Catholique Internationale*, 04 août 2009.

- « Québec : La sécularisation continue », in *Documentation Information Catholique Internationale*, 05 juin 2010.

- « Québec : Des fidèles manifestent contre la fermeture d'une église », in *Documentation Information Catholique Internationale*, 13 août 2011.

- « Québec : L'église Sainte-Madeleine de Trois-Rivières pourrait être vendue », in *Documentation Information Catholique Internationale*, 16 juillet 2011.

http://fr.canoe.ca/infos/quebeccanada/archives, « Le patrimoine religieux change de main »,

http://fr.canoe.ca/infos/quebeccanada/archives « Patrimoine religieux à vendre »

http://fr.wikipedia.org/wiki/Dominique_Strauss-Kahn

http://www.footforever.com

http://www.zenit.org

http://www.storyfoot.com

http://www.libertepolitique.com, « Progression du nombre des catholiques dans le monde »

http://www.rfi.fr, « Inde-France », article publié, le mardi 07 décembre 2010.

http://www.radiovaticana.org/fr1/articolo.asp?c=539362

http://www.vatican.va/holy_father/benedict_xvi/speeches/2011/novembe r/documents/hf_ben-xvi_spe_201111119vescovi-benin_fr.html

http://www.lexpress.fr/actualites/1/economie/

http://economie.trends.levif.be/

JEAN PAUL II, *Mémoire et identité, conversation à l'aube du troisième millénaire*, Flammarion, 2005.

Jeune Afrique (Magazine), numéro 2625, du 1er au 7 mai 2011.

La Bible de Jérusalem, Nouvelle édition entièrement revue et augmentée, Les Éditions du cerf, Paris, 1979.

LE GAL, Suzanne, « Congrégations africaines et Sœurs Missionnaires de Notre-Dame d'Afrique », article publié sur le site officiel des Sœurs Missionnaires de Notre-Dame d'Afrique.

MBAYE, Sanou, *L'Afrique au secours de l'Afrique*, Les Éditions de l'Atelier/Éditions Ouvrières, Paris, 2009.

MPISI Jean, *Les évêques africains et la traite négrière : pardon de l'Afrique à l'Afrique*, L'Harmattan, 2008.

MUDIMBE – BOY, Élisabeth, Essais sur les cultures en contacts : Afrique, Amérique, Europe », Karthala, 2006.

MULDER, Frank, : « Eurocrisis is symptoom van mondiale », in *De Morgen*, dinsdag 09 augustus 2011.

NDOUMAÏ, Pierre, *On ne naît pas noir, on le devient*, L'Harmattan, 2007.

NOPPEN, Luc et MORISSET, Lucie K, *Églises du Québec, un patrimoine à réinventer*, Presse universitaire du Québec, 2005

O'MURCHU, Diarmuid, *La vie religieuse revue et corrigée*, Novalis, 2008.

RAMAZANI BISHWENDE, Augustin, *Église – famille de Dieu. Esquisse d'ecclésiologie africaine*, L'Harmattan, 2001.

SEVERINO, Jean-Michel et RAY, Olivier, *Le temps de l'Afrique,* Odile Jacob, Paris, 2010.

SOBA, Marie-Claude (o.c.p.s.p.), « La vie consacrée en Afrique :

chemins parcourus, atouts, avancées, faiblesses, les défis d'aujourd'hui », site officiel de la COSMAM.

SY, Yaya, *Les légitimations de l'esclavage et de la colonisation des nègres,* L'Harmattan, 2009.

Union des Supérieures Majeures en République Démocratique du Congo (USUMA), *Religieuses de la République Démocratique du Congo* 2009, Secrétariat Général de l'USUMA, Kinshasa, 2009.

VUNDUAWE Te Pemako, F., *A l'ombre du Léopard. Vérités sur le régime de Mobutu Sese Seko*, Éditions Zaïre Libre, Bruxelles, 2000.

Table des matières

Printed by Books on Demand GmbH, Norderstedt / Germany